# ARMORIAL

## DE LA

# NOBLESSE DE LA MARCHE

### CONVOQUÉE POUR LES ÉTATS GÉNÉRAUX

### EN 1789

PAR

## ARMAND DE LA PORTE

MEMBRE DE LA SOCIÉTÉ DES ANTIQUAIRES DE L'OUEST,
CHEVALIER DE LA LÉGION D'HONNEUR, DU SAINT-SÉPULCRE DE JÉRUSALEM,
DE N.-D. DE LA CONCEPTION DE PORTUGAL, ETC.,
OFFICIER D'ACADÉMIE.

---

**DEUXIÈME ÉDITION**
Revue et corrigée

---

## POITIERS

IMPRIMERIE GÉNÉRALE DE L'OUEST : E. WIRQUIN
PLACE D'ARMES, 26

| GUÉRET | PARIS |
|---|---|
| Chez veuve LETOULLE, libraire rue de la Mairie | Chez H. CHAMPION, libraire 15, quai Malaquais |

1874

Prix : 1 fr. 25 c.

L2m
226

POITIERS. — IMPRIMERIE GÉNÉRALE DE L'OUEST : E. WIRQUIN.

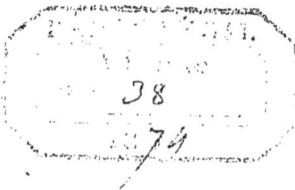

# ARMORIAL

### DE LA

# NOBLESSE DE LA MARCHE

## CONVOQUÉE POUR LES ÉTATS GÉNÉRAUX

## EN 1789

PAR

## ARMAND DE LA PORTE

MEMBRE DE LA SOCIÉTÉ DES ANTIQUAIRES DE L'OUEST,
CHEVALIER DE LA LÉGION D'HONNEUR, DU SAINT-SÉPULCRE DE JÉRUSALEM,
DE N.-D. DE LA CONCEPTION DE PORTUGAL, ETC.,
OFFICIER D'ACADÉMIE.

## DEUXIÈME ÉDITION
Revue et corrigée

POITIERS

IMPRIMERIE GÉNÉRALE DE L'OUEST : E. WIRQUIN
PLACE D'ARMES, 26

| GUÉRET | PARIS |
|---|---|
| Chez veuve BETOULLE, libraire | Chez H. CHAMPION, libraire |
| rue de la Mairie | 15, quai Malaquais |

1874

# PRÉFACE

---

Si j'ignore où sera ma tombe, je n'oublie
pas où fut mon berceau.

La province de la Marche, une des plus petites de
l'ancienne France, tient cependant dans nos annales
un rang fort honorable, par le nombre des maisons
illustres qu'elle a produites.

On aurait lieu de s'étonner qu'aucun héraldiste n'ait
songé à dresser son Nobiliaire, si la limite mouvante de ses
frontières n'avait successivement rattaché la plupart de
ses fiefs aux élections et généralités voisines de Limoges,
Clermont, Bourges, Moulins, Angoulême et Poitiers, et,
par suite, dispersé les documents qui se rapportent à
l'histoire de chaque famille.

Aujourd'hui, les Sociétés savantes se multiplient, le
goût des études historiques locales se répand, et il de-
viendra de plus en plus facile de réparer cette omission
en rassemblant les matériaux d'une Histoire des maisons
nobles de l'ancienne Marche.

Le désir d'apporter ma pierre à cet édifice m'a fait
entreprendre le modeste travail dont la deuxième édition
paraît aujourd'hui, non pas telle que je la voudrais, mais

avec des améliorations nombreuses, dues pour la plupart à l'obligeance extrême de M. P. de Cessac.

Si les circonstances me le permettent, je ferai imprimer sous peu l'*État présent de la noblesse de la Marche,* ouvrage pour lequel je sollicite le concours de toutes les familles titrées qui habitent encore son territoire.

D'autres publieront, j'espère, à l'imitation de ce qui s'est fait dans un grand nombre de provinces, le Catalogue des fiefs du comté de la Marche avec la liste des familles qui les ont possédés, ainsi que les rôles des différentes assemblées de sa noblesse, et les maintenues qui la concernent ; bientôt enfin, chaque maison noble, ouvrant ses archives aux érudits, tiendra à honneur de faire connaître ses titres et de rappeler les hauts faits de ses aïeux, pour servir d'exemples à la génération présente.

Je me suis servi, pour établir cet *Armorial,* des listes publiées par MM. de La Roque et de Barthélemy. En m'aidant des ouvrages spéciaux, je me suis appliqué à grouper les personnes par familles ; j'ai cherché à rétablir les noms qui avaient été altérés par le greffier de l'assemblée, en indiquant les fautes par une forme particulière de caractères d'imprimerie; enfin, je me suis aidé de tous les documents à ma disposition, pour donner exactement les armoiries de chacun.

Poitiers, le 16 avril 1874.

A. DE LA PORTE.

# ARMORIAL

DE LA

# NOBLESSE DE LA MARCHE

## EN 1789

## A

ABZAC (d'). — Le comte d'Abzac (a fait défaut, ne s'étant ni présenté, ni fait représenter).

Armes : *d'argent à une bande d'azur chargée au milieu d'un besant d'or ; à la bordure d'azur chargée de neuf besants d'or.*

AJASSON DE GRANDSAGNE. — Henri Ajasson, comte de Grandsagne. — François Ajasson, comte de Grandsagne, son frère.

Armes : *de sable à la fasce fuselée d'argent.*

NOTE. — Cette liste comprend les noms de tous les gentilshommes qui ont été convoqués dans les sénéchaussées de Haute-Marche et Basse-Marche (Archives nationales B III, 24, p. 135 et suiv.), et dont le catalogue a été publié par MM. de La Roque et de Barthélemy. (*Catalogue des Gentilshommes de France en 1789*, 2 vol. in-8°.)

ARDILLIERS DE NEUVILLE (des). — Dame Marie-Françoise *Désardillier* de Neuville, épouse de M. de Rébière de Naillac, possédant en partie les fiefs de Neuville et de Puicharaud.

Armes : *d'azur à un cygne d'argent posé sur une branche de laurier de même; à une étoile aussi d'argent mise en chef.*

ARGENCE (d'*alias* DARGENCE). — Jacques-Louis-Vincent Dargence, chevalier. — Louis-Jacques Dargence, ancien garde du corps, chevalier, seigneur du Repaire et autres lieux. — François-Sylvain Dargence, ancien capitaine commandant au régiment de Barrois-infanterie, chevalier de Saint-Louis, chevalier, seigneur des Granges.

Armes : *de gueules à la fleur de lis d'argent.*

ARGIER (d'). — Philippe *Dargiès*-Dupuis, baron. — Honoré-François *Dargiès*, vicomte de Barnages. — *Dargiès* du Bouchetil ( a fait défaut, ne s'étant ni présenté, ni fait représenter).

Armes : *d'argent à trois tourteaux de gueules.*

ARMENTIÈRES (d'). — Madame la maréchale d'Armentières (a fait défaut, ne s'étant ni présentée, ni fait représenter). *Nota :* Probablement Marie-Anne-Charlotte de Senecterre, veuve de Louis, marquis de Conflans d'Armentières, maréchal de France.

Armes : *d'azur semé de billettes d'or, au lion d'or brochant sur le tout.*

AUBOUX D'ESTEVENIN (*alias* AUBOUX DE STEVE-NIN). — François Auboux de Stevenin, seigneur de Saint-Maurice.

Armes : *d'argent à un chevron de gueules, accompagné en chef de deux hiboux de sable affrontés, et en pointe d'un arbre de sinople planté sur une terrasse de même ; au chef d'azur chargé de trois étoiles d'or.*

AUBUSSON DE LA FEUILLADE (d'). — Pierre-Armand, vicomte d'Aubusson, comte de la Feuillade, baron de la Borne.

Armes : *d'or à la croix ancrée de gueules.*

AUDEBERT (*alias* AUTHEBERT). — Antoine-François Authebert, seigneur de l'Etang. — Jean-Armand Authebert, chevalier, seigneur de l'Age-du-Feix et de Mons, ancien capitaine de cavalerie. — François Authebert, seigneur des Ambamas, Bedoux et le Ché. — Madame veuve Authebert de la Bernardière (a fait défaut, ne s'étant ni présentée, ni fait représenter).

Armes : *d'azur au sautoir d'or.*

AUTHIER (d'). — Louis-Amable, comte d'Authier de Barmontel. — Nicolas-Charles-Martin *Authier* de Chazeron, comte de Villemonteix.

Armes : *d'azur au chef denché d'or, chargé d'un lion léopardé de sable, armé et lampassé de gueules.*

# B

**BABIN DE LIGNAC.** — Joseph-Adrien Babin de Lignac.

Armes : *d'argent à trois chevrons de même brochant sur quatre burelles d'azur.*

**BANNES (ARDENT de)?** — Ardent de *Bœnes* et autres lieux, ancien capitaine d'infanterie.

Armes....

**BARBARIN (de).** — De Barbarin, seigneur du Bost (a fait défaut, ne s'étant ni présenté, ni fait représenter).

Armes : *d'azur à trois barbeaux d'argent en fasce, celui du milieu regardant à senestre et les deux autres à dextre.*

**BARBIER DE BLAMONT.** — Dame Marie *Auboux* de *Stevenin* de la Maison-Rouge, veuve de messire Charles Barbier de *Blamond*, seigneur de Barneuil et de Champeix, vivant officier de dragons, chevalier de Saint-Louis.

Armes....

**BARET.** — Jean-Pierre Baret de Beauvais. — Louis Baret des Chaises.

Armes....

**BARTHON DE MONTBAS.** — Pierre-Thibault-Marie Barthon, comte de Montbas, seigneur de Monteil, Escurat, Thoras, etc. — Léonard-Alexandre-François de Barthon, comte de Montbas.

Armes : *d'azur au cerf d'or au repos; au chef échiqueté d'or et de gueules de trois tires.*

**BASLON** (de). — Simon de *Balon*, chevalier, ancien officier au régiment de Médoc, pensionné du roi.

Armes : *d'argent à trois fusées d'azur, 2 et 1.*

**BATHÉON DE VERTRIEUX** (de). — Léonard-Louis de Bathéon de Vertrieux.

Armes : *d'argent au sautoir engrêlé de sinople, cantonné de quatre tourteaux de gueules ; au chef d'azur chargé d'une tête de lion arrachée d'or.*

**BEAUCORPS** (de). — La dame de Lambertye, veuve du chevalier de Beaucorps, dame de Saint-Firmin-la-Marche (a fait défaut, ne s'étant ni présentée, ni fait représenter).

Armes : *d'azur à deux fasces d'or.*

**BEAUPÈCHE** (LABOREIX de). — De Beaupêche (a fait défaut, ne s'étant ni présenté, ni fait représenter).

Armes : *d'argent au chevron de sable accompagné de trois fermaux de même, l'ardillon en fasce.*

**BEAUVAIS** (de). — Le comte de Beauvais (a fait défaut, ne s'étant ni présenté, ni fait représenter).

Armes....

**BEGAUD DE BEAUÇAIS.** — Gabriel *Begon* de Beauçais, chevalier, seigneur de Beauçais.

Armes : *de gueules à six fleurs de lis d'or, posées en pal trois et trois ; au franc-quartier de sable cachant une fleur de lis et chargé d'un lion couronné, armé et lampassé de gueules.*

**BERTRAND** (de). — François de Bertrand, seigneur en partie de Beaumont, Richemont et Chéniers. — Dame

Henriette de Boisredon, veuve de Georges Bertrand, marquis de Pouligny.

Armes : *losangé d'hermines et de gueules.*

BESSE. — Philibert-Ignace Besse de la Chassagne, ancien lieutenant au corps d'artillerie. — François Besse du Mas, seigneur de la Dapeyre, son frère.

Armes : *d'azur à la fasce d'argent, accompagnée en chef de trois rocs d'échiquier rangés en fasce.*

BIENCOURT (de). — Charles, marquis de Biencourt, maréchal des camps et armées du roi. — Demoiselle Henriette-Pulchérie de Biencourt, possédant le fief de Matribu. — Jacques-Sylvain, chevalier de Biencourt.

Armes : *d'argent au lion d'azur, langué, onglé et couronné de gueules.*

BOIREAU. — Joseph-Marie Boireau, écuyer, seigneur de *Vilaine*, à cause de la dame son épouse.

Armes...

BOISLINARD (de). — Pierre-Joseph de *Bolinard-Desroches*, chevalier, ancien gendarme de la garde du roi, lieutenant de cavalerie, pensionné du roi. — Jean-Baptiste *Bolinard*, chevalier, capitaine de cavalerie, ancien maréchal des logis du corps de la gendarmerie, chevalier de Saint-Louis.

Armes : *d'argent à un vergne terrassé de sinople, à la bordure denchée de gueules.*

BONNIN (de). — Vincent de *Bonin* de Laveaud-Bois, prieur-curé de la Celle-Dunoise, seigneur de la Bastide, paroisse de Rancon. — Alexis *Bonin* de Grandmont, écuyer, seigneur de Puymartin, Monts, Marandais, Bioussac et Chabannes.

Armes : *d'or à trois têtes d'ours arrachées, emmuselées et enchaînées de sable.*

**BOUEX DE VILLEMORT** (du). — Marin-Mesmin de *Bouis*, marquis de Villemort, seigneur de Vouhet.

Armes : *d'argent à deux fasces de gueules.*

**BRACHET** (de). — Claude-Alexandre-Joseph, marquis de *Bréchet*, lieutenant général pour le roi de la Haute et Basse-Marche.

Armes : *d'azur à deux chiens braques d'argent.*

**BRADE** (de). — Jean, comte de Brade, lieutenant des maréchaux de France.

Armes : *d'azur à une épée d'argent posée en pal, accostée en chef de deux fasces de même.*

**BRETTES** (de). — Jean-Baptiste, comte de *Brette*, chevalier, seigneur, marquis de Cros, Cieux, la Villotte, la Chapelle, Richebon, le Mas-Rochet et autres lieux.

Armes : *d'argent à trois vaches de gueules accolées et clarinées d'azur, passant l'une sur l'autre.*

**BROSSES** (de). — Le comte de Brosses (a fait défaut, ne s'étant ni présenté, ni fait représenter).

Armes : *d'azur à trois gerbes ou brosses d'or liées de gueules.*

**BRUGIÈRES** (de). — Jean-François de Brugières, chevalier, seigneur de Farsac.

Armes : *d'azur à trois abeilles d'argent, posées 2 et 1.*

BRUNERIE (de la). — André-Victor-Colin de la Brunerie, chevalier de Saint-Louis, ancien capitaine au régiment de Brie, chevalier, seigneur d'Azac-le-Ry, la Bazeuge et la Peyrière.

Armes : *de sable à trois merlettes d'argent, 2 et 1.*

# C

CAYLUS (DE ROBERT de). — Le duc de Caylus (a fait défaut, ne s'étant ni présenté, ni fait représenter).

Armes : *d'azur à trois étoiles à six raies d'or, au chef de même,* qui est de Caylus; *et sur le tout, un écu d'argent, à trois pals d'azur,* qui est de Robert.

CELLE (de la). — Antoine-Jean-Baptiste de la Celle du Bouchaud. — François-Sylvain de la Celle, vicomte de Châteauclos. — Élisabeth-Sylvie de la Celle. — Marguerite de la Celle. — Louis-François, marquis de la Celle, vicomte de Châteauclos.

Armes : *d'argent à un aigle éployé, au vol abaissé, de sable, becqué et membré d'or.*

CHAMAND (de SAINT-). — Madame la marquise de Saint-Chamand (a fait défaut, ne s'étant ni présentée, ni fait représenter).

Armes : *de sinople à trois fasces d'argent; au chef engrêlé de même.*

CHAMBORANT (de). — Paul-Jean, comte de Chamborant, chevalier, seigneur de Saint-Martial et Macloux, baron de Droux et de Fontbuffaut, lieutenant des maréchaux de France à Bellac. — Paul de Chamborant, chevalier, seigneur de la Boissonnie, ancien lieutenant d'infanterie. — Jacques-Alexis de Chamborand, chevalier, seigneur de Périssat, capitaine aux chasseurs des Pyrénées, chevalier de Saint-Louis.

Armes : *d'or à un lion rampant de sable, armé et lampassé de gueules.*

CHARDEBOEUF (de). — Joseph Chardebœuf, de Rives, chevalier, seigneur de la Tibarderie.

Armes : *d'azur à deux fasces d'argent, accompagnées en chef d'un croissant, entre quatre étoiles de même, et en pointe d'un rencontre d'or.*

CHATEAUBODEAU (de). — Pierre de Châteaubodeau, chevalier, seigneur du Coudart. — Jean-Baptiste de Châteaubodeau, chevalier.

Armes : *d'azur au chevron d'or, accompagné de trois quintefeuilles de même, 2 en chef et 1 en pointe; celle-ci surmontée, en cœur, d'un croissant d'argent.*

CHATRE (de la). — Henri-Léonard, comte de la Châtre, seigneur de Leyraud, capitaine aux chasseurs de Guyenne, chevalier de Saint-Louis. — Claude-Jacques-Pierre de la Châtre-Destignères.

Armes : *de gueules à la croix ancrée de vair.*

CHAUSSECOURTE (de). — Louis de Chaussecourte, seigneur du Pluyaud.

Armes : *parti emmanché d'azur et d'argent.*

**CHAUVELIN DE BEAUREGARD.** —Jacques Chauvelin, chevalier, seigneur de Beauregard et autres lieux, capitaine aux chasseurs de Normandie.

Armes : *d'argent au chou pommé, arraché de sinople, entouré par la tige d'une bisse d'or.*

**CHERADE DE MONTBRON.** — Pierre *Cherac* de Montbron, chevalier, seigneur de Drouille.

Armes : *d'azur à trois losanges d'or.*

**CORBIERS (de).** — Michel de Corbiers, chevalier, seigneur de Pontarion.

Armes : *d'argent à un cormier de sinople, accompagné en chef de trois anilles de gueules, et accosté en pointe de deux cailles de sable.*

**COUDERT (de).** — Antoine-François-Sylvain Coudert, chevalier, seigneur de Sardent, Saint-Éloi, Roubaux, les Borderies, etc. — François-Marie-Anne Coudert de Lavaublanche.

Armes : *d'azur à un chevron d'or accompagné en pointe d'un agneau paissant d'argent ; au chef d'argent chargé de trois flammes de gueules.*

**COUHÉ DE LUSIGNAN (de).** — François de *Couet* de Lusignan, chevalier, seigneur de la Beige. — Dame Françoise-Charlotte Gracieux, veuve de feu messire de *Couet* de Lusignan, chevalier, seigneur de Fayolles, Commerçat, Marsillac et autres lieux.

Armes : *écartelé d'or et d'azur à quatre merlettes de l'une en l'autre.*

**COURAUD.** — Madame Couraud d'Espagne (a fait défaut, ne s'étant ni présentée, ni fait représenter).

Armes : *de sable à une croix d'argent et une bordure de gueules.*

COURIVAULT (de). — Louis-Gabriel de *Courriveaud*, chevalier, seigneur des Loges, de la Petite-Rye, pensionné du roi, ancien garde du corps. — Louis-Jean de *Courivaud*, chevalier, seigneur des Loges, garde du corps du roi, chevalier de Saint-Louis.

Armes : *d'argent à un chevron de gueules, accompagné en chef de deux étoiles de même, et en pointe d'un porc-épic de sable.*

COURTILLE (de) (*alias* COURTHILLE). — Pierre de Courtille, chevalier, seigneur de Saint-Avit. — François-Jean de Courtille, fils du seigneur de Saint-Avit. — François de Courtille.

Armes : *d'argent au chevron de gueules, accompagné de neuf merlettes de sable posées 4, 2, 1 et 2.*

COUSTIN (de). — Louis de Coustin, chevalier, seigneur des Roches.

Armes : *d'argent à un lion rampant de sable, armé, couronné et lampassé de gueules.*

COUTURE-RENON (de la). — Jean-Baptiste-Antoine de la Couture-*Renom*, chevalier, baron, seigneur de Béré, Richemont, Langerie, Villerajouse et autres lieux. — Jean-Baptiste-Joseph de la Couture-*Renom*, chevalier, seigneur de la Grange-Villedon.

Armes : *de gueules à la fasce d'argent fuselée de cinq pièces.*

COUTURIER DE FORNOUES. — Antoine-Olivier-Charles Couturier de Fornoues, conseiller d'État.

2

Armes : *d'azur à un chevron d'or surmonté d'une étoile de même et accompagné de trois branches de laurier aussi d'or, posées deux en chef et une en pointe; au chef de gueules soutenu d'une fasce d'or en forme de devise et chargé d'une croisette de même au premier canton.*

CROPTE (de la). — De la Cropte de Saint-Abre, vicomte de Rochemeau (a fait défaut, ne s'étant ni présenté, ni fait représenter).

Armes : *d'azur à une bande d'or, accompagnée de deux fleurs de lis de même, posées l'une en chef et l'autre en pointe.*

# D

DÉGUILLON (?) — Philippe-Jean Déguillon, chevalier, seigneur de Brejon.

Armes....

DOUBLET DE PERSAN. — Annet-Nicolas Doublet de Persan, marquis de Saint-Germain-Beaupré.

Armes : *d'azur à trois doublets d'or posés en bande.*

DUBREUIL DE SOURVOLLES. — Philippe-François Dubreuil de Sourvolles.

Armes : *d'argent à la fasce vivrée de gueules, bordée de sable; accompagnée de deux jumelles aussi de gueules, bordées de sable.*

DUBREUIL-HÉLION DE LA GUERRONNIÈRE. — La dame Sylvine de Robert de Villemartin, veuve d'Antoine-Amable Dubreuil-Hélion, chevalier, seigneur de la

Guerronnière, Combes, Villegues, Lusigny, ancien capitaine au régiment de Picardie.

Armes : *d'argent au lion de sable, armé, lampassé et couronné de gueules.*

DUPEYRAT. — Joseph Dupeyrat, chevalier, seigneur, baron de Thouron, ancien officier au régiment de Royal-dragons. — Joseph *Dapeyrat*, chevalier, seigneur des Mas.

Armes : *d'azur à un château d'or sommé de trois tours de même, maçonnées de sable.*

DUTHEIL DE LA ROCHÈRE. — Jacques, marquis Dutheil, chevalier, seigneur de la Rochère, l'Age, Malcouronne, capitaine de dragons, chevalier de Saint-Louis. — Louis Dutheil, chevalier, seigneur de Puissebert. — Nicolas Dutheil, seigneur de Villevert. — Gabriel Dutheil, chevalier, seigneur de la Font, ancien officier d'infanterie. — Demoiselle Marie-Louise Dutheil, propriétaire du fief de Villevert. — Demoiselle Dutheil, dame du Cousteau (a fait défaut, ne s'étant ni présentée, ni fait représenter).

Armes : *d'or au chef d'azur, au lion de sable, couronné, armé et lampassé d'argent, brochant sur le tout.*

DUVERRIER DE BOULSAC. — Jacques Duverrier, chevalier, seigneur de Boulsac.

Armes....

# E

**ESMOING.** — Léonard Esmoing, chevalier, seigneur des Chezeaux, l'Age, la Mougère, Clavière, Fougerais.

*Armes : d'or à trois chevrons de gueules.* — Alias : *d'azur.*

**ESTOURNEAU.** — Louis-Jacques Estourneau, chevalier, seigneur de Pinnoteau, la Brunetière, Neoux, Salmon, la Grande-Roche, ancien mousquetaire gris.

*Armes : d'or à trois chevrons de sable accompagnés de trois étourneaux de même, deux en chef et un en pointe.*

**ÉTAMPES (d').** — Louis-Félicité-Omer, comte d'Étampes, capitaine de cavalerie, au nom et comme tuteur de demoiselle Aline-Geneviève d'Étampes, dame de la terre d'Étampes, sa fille mineure, et de feue Angélique-Félicité Le Camus, son épouse.

*Armes : d'azur à deux pointes de giron d'or, au chef d'argent chargé de trois couronnes ducales de gueules mises en fasce.*

# F

**FAUCONNIER.** — Jean-Baptiste-Alexandre Fauconnier, écuyer, officier au régiment de Royal-Champagne-cavalerie. — François Fauconnier, écuyer, seigneur de l'Age-Meillot et des Forges.

*Armes : d'azur à une main senestre d'argent, mouvante du flanc dextre, ayant un gant de fauconnier et portant sur le poing un faucon de même contourné.*

FAUSSET (?) — Fausset (a fait défaut, ne s'étant ni présenté, ni fait représenter).

Armes....

FERRÉ (de). — François, marquis de Ferré, chevalier, seigneur de la Jaraudie, Roué, Daré et le Tourail, etc., chevalier honoraire de Saint-Jean de Jérusalem, ancien officier de carabiniers. — Louis de Ferré, chevalier, seigneur de Péruges-Tisain.

Armes : *de gueules à la bande d'argent accompagnée de trois fleurs de lis d'or, deux rangées en chef et l'autre en pointe.*

FEYDEAU. — René-Hilaire Feydeau, chevalier, officier au régiment de Médoc. — René-Joseph Feydeau, chevalier, baron de Reyssonneau. — Jean-Bernardin *Feydau*, chevalier, seigneur de Saint-Christophe, Montel, Buisson et Maffraud, chevalier de Saint-Louis, ancien major du régiment de Médoc, pensionné du roi.

Armes : *d'azur au chevron d'or accompagné de trois coquilles de même.*

FIEF (de SAINT-). — Charles-Barthélemy de Saint-Fief, chevalier, seigneur en partie de Gorce, Pleuville, Labussière, l'Age et Sallemagne, capitaine d'artillerie.

Armes : *d'azur à un chevron d'argent accompagné de trois croisettes de même, 2 en chef et 1 en pointe.*

FORÊT (de la). — De la Forêt (a fait défaut, ne s'étant ni présenté, ni fait représenter).

Armes...

FROTTIER DE BAGNEUX DE LA MESSELIÈRE.
— Frottier, marquis de Bagneux, seigneur de l'Esco-

ère ( a fait défaut, ne s'étant ni présenté, ni fait repré-
nter). — Louis-Bonaventure Frottier, chevalier, sei-
neur de la châtellenie de la Messelière et autres lieux,
ncien capitaine de cavalerie.

Armes : *d'argent au pal de gueules accosté de dix
sanges de même, cinq à dextre et cinq à senestre, posés
ux, deux et un.*

# G

**GARAT** (de). — Pierre Garat, chevalier, seigneur de
aint-Priest, Montcocu et Ambazac.— Raymond de Garat,
aron de Villeneuve.

Armes : *d'azur au lac d'amour d'argent accompagné de
ois étoiles de même ; au chef d'or chargé d'un croissant
? champ.*

**GARRAUD** (de SAINT-). — Charles-Louis de Saint-Gar-
ud, chevalier, seigneur de Trallebaud et de Juyer, à cause
e la dame son épouse, chevalier de Saint-Louis. — Jean
e Saint-Garraud, chevalier de Trallebaud, ancien gen-
arme de la garde du roi, seigneur de Malletard et de
leix.

Armes : *d'argent à trois hures de sanglier de sable
osées deux et une.*

**GATTAND.** — Henri Gattand, seigneur de Lignières.
Armes....

**GENTIL** (de). — Marc-Antoine de Gentil de Brutine,
eigneur dudit lieu. — Dame Jeanne Le Gay, veuve de
essire Jean de Gentil, écuyer, seigneur de Rozier.

Armes : *d'azur à un chevron d'or accompagné de trois roues de Sainte-Catherine de même, deux en chef et une en pointe, et une épée en pal d'argent, brochant sur le chevron.*

**GIRARD DU DEFFEND** *(de Pindray).* — Jean-Bonaventure Girard, chevalier, seigneur du Deffend, ancien capitaine d'infanterie, chevalier de Saint-Louis.

Armes : *d'argent à trois fleurs de lis d'azur, au bâton d'or posé en bande brochant sur la première fleur de lis; à la bordure d'or chargée de trois cœurs de gueules, un à chaque flanc et un en pointe.*

**GRACIEUX** (de). — Alexandre-Louis de Gracieux, écuyer, seigneur de Beauchêne, la Rivière-Gauche et Muspinard, ancien gendarme pensionné de la garde du roi. — Jean-Nicolas-Hilaire de Gracieux, écuyer, seigneur de la Ronde.

Armes....

**GRANDSAGNE** (de).—Pierre de Grandsagne, chevalier.
Armes....

**GUITARD** (de). — Madame de Guitard (a fait défaut, ne s'étant ni présentée, ni fait représenter).
Armes : *d'azur au mouton d'argent.*

**GUYOT** (*alias* GUIOT). — Mathieu-Alexandre Guyot du Dognon, chevalier, seigneur de Saint-Quentin et de la Mothe-du-Dognon, ancien chevau-léger, capitaine de cavalerie. — Henry Guyot, chevalier, seigneur de Messignac. — François Guyot du Dognon, chevalier, ancien capitaine d'infanterie, chevalier de Saint-Louis. — André

Guyot, chevalier, seigneur d'Asnières, le Cluseau, la Forêt, Villedon, etc.

Armes: *d'or à trois perroquets de sinople, becqués, membrés et colletés de gueules.*

# H

HERMITTE (de l'). — Jean-Baptiste-Joseph Creillan de l'Hermitte, chevalier, seigneur de la Rivière.

Armes : *d'argent à trois chevrons de gueules, à la bordure denchée d'azur.*

# J

JAUMARD (de la). — Antoine de la *Jomard* de Belâbre, à cause de son fief de Belâbre, paroisse de Bujaleuf (probable de la même famille que les Achard-Jaumard d'Angoumois), qui porte :

Armes : *d'azur à trois annelets d'or, 2 et 1.*

JOUBERT DE CHATEAU-MORAND. — Demoiselle Suzanne Joubert de la Bastide de Château-Morand.

Armes : *d'argent à cinq fusées de gueules accolées et rangées en fasce.*

JULLIEN-SAINT-ANTOINE (de SAINT-). — Annet, comte de Saint-Jullien-Saint-Antoine.

Armes: *de sable semé de billettes d'or, à un lion de même armé et lampassé de gueules.*

JUMILHAC (CHAPELLE de). — De Jumilhac (a fait défaut, ne s'étant ni présenté, ni fait représenter).

Armes : *d'azur à une chapelle d'or.*

# L

**LABROUE DE VAREILLES (de).** — Thibaud de Labroue, chevalier, vicomte de Vareilles, mestre de camp de cavalerie, chevalier de Saint-Louis, seigneur de la Mothe-d'Autera.

Armes : *d'azur au chevron d'or, accompagné en chef de deux coquilles d'argent, et d'une main de même en pointe posée en pal.*

**LAGRANGE (de).** — François de Lagrange, écuyer, seigneur de la Pardonnie, Faux et Vieux-Tisons.

Armes : *de gueules à trois merlettes d'argent, 2 et 1 ; au franc-quartier d'hermine.*

**LANET (de).** — François-Claude de Lanet, seigneur de la Garde-Girons.

Armes : *de gueules au bœuf passant d'argent.*

**LANTILHAC DE GIMEL (de).** — Jean-Louis de *Lantillat,* marquis de Gimel.

Armes : *d'azur à la bande d'or.*

**LASSAT (de).** — Pierre de *Lassac,* écuyer, seigneur de la Signe et de Vérac, la Faye, etc., chevalier de Saint-Louis, capitaine de cavalerie, brigadier des gardes du corps, compagnie du Luxembourg, pensionné du roi. — Pierre de *Lassac,* écuyer, seigneur de Pressigny, paroisse de Saint-Barbent.

Armes : *d'azur au lion rampant d'or.*

**LAURENS DE REYRAC** (de). — Jean-Marie Laurens de *Rerac*, chevalier, seigneur de Mallibert, Ambamac et Laubuge, ancien garde du corps, pensionné du roi.

Armes : *d'argent au chevron de gueules, accompagné en chef de deux étoiles d'azur, et en pointe d'un croissant de même.*

**LAVEAUD** (de). — Marguerite de Verthamont, comtesse de Laveaud, dame du fief du Mas, en Marche. — De Laveaud de Saint-Etienne (a fait défaut, ne s'étant ni présenté, ni fait représenter).

Armes : *d'azur à trois fasces d'or.*

**LELARGE DE LOURDOUEIX.** — Charles-Honoré Lelarge de Lourdoueix-Saint-Michel.

Armes : *d'argent à l'épervier au naturel perché sur un tronc de même, écoté et issant de la pointe; au chef d'azur chargé de trois étoiles d'or.*

**LERIS** (du). — Dame Catherine d'Oiron, veuve de messire Marc-Antoine *Duleris*.

Armes : *d'azur à trois monts d'or.*

**LESTRANGE** (de). — Joseph, marquis de l'Estrange.

Armes : *de gueules au lion léopardé d'argent passant en chef, et deux lions d'or adossés en pointe.*

**LIGNAUD DE LUSSAC.** — Antoine Lignaud, comte de Lussac, seigneur du fief de Luzaçais.

Armes : *d'argent à trois mollettes d'éperons de sable.*

**LONDEIX** (de). — Pierre de *Londiu*, chevalier, seigneur de Champagnac.

Armes : *de sinople au chevron d'or mouvant d'une mer d'argent en pointe de l'écu; accosté en chef de deux mains d'or, au doigt médius ouvert, et en pointe d'une étoile de même.*

**LUSIGNAN** (de). — Philippe-Hugues-Anne-Roland-Louis, comte de Lusignan, lieutenant général des armées du roi, seigneur de la Côte-au-Chat et de Boismeunier.

Armes : *burelé d'argent et d'azur, à l'orle de huit merlettes de gueules et au franc-quartier de même.*

# M

**MADOT** (de). — Antoine-Louis *Demadot*, chevalier, seigneur de Souliers.

Armes : *d'azur à la fasce d'or chargée d'une flèche de sable dans le même sens et accompagnée en chef d'un croissant d'argent, et en pointe d'un lion naissant d'or.*

**MAGNAC** (de). — Charles de Magnac, seigneur de Puymalsignat.

Armes : *de gueules à deux pals de vair, au chef d'or chargé d'un lambel d'azur de cinq pendants.*

**MALLERET** (de). — Jean-Louis de *Matterel*, marquis de Saint-Maixent, maréchal des camps et armées du roi.

Armes: *d'or au sautoir d'azur, accompagné en chef d'un lionceau de gueules.*

**MALLEVAUD** (de). — La dame Marie-Henriette du Peyrou, veuve de messire François de Mallevaud, chevalier, seigneur de Marigny, dame de Pomeriex et du Puy-Grelaud.

Armes : *d'argent à trois vires d'azur, et un bâton de même en pal, au centre de l'écu.*

MARCHE (de la). — Silvain de la Marche, comte de Crozant. — Gabriel-François de la Marche, comte de Mousserolles.

Armes : *d'argent au chef de gueules.*

MARSANGES (de). — Léonard de Marsanges, chevalier, seigneur de la Côte, officier d'infanterie. — Dame Jeanne Dutheil, veuve de messire Antoine de Marsanges, vivant officier d'invalides.

Armes : *d'argent à trois merlettes de sable.*

MARTIN DE BAGNAC (de SAINT-). — Jean de Saint-Martin, chevalier, seigneur, marquis de Bagnac, seigneur de Villemexent, le Breuil-Ferrand, la Rochette, Martineix, etc. — Michel de Saint-Martin de Bagnac, officier au régiment de Bourgogne-cavalerie, chevalier, seigneur de Martineix, en partie.

Armes : *bandé d'argent et de gueules de six pièces ; les bandes d'argent semées de mouchetures d'hermines.*

MAUMONT (de). — Marc-Antoine de *Maulmont*, chevalier, seigneur, baron du Chalard, Bujaleuf, Augnes, etc., ancien officier au régiment de Condé-dragons. — Annet-Joseph de Maumont, chevalier, seigneur de Monteil, Chartonnet et Chameyroux.

Armes : *d'azur à la croix d'or cantonnée de quatre besants de même.* — Alias : *d'azur à deux fasces d'or à l'orle chargé de besants* (armes données par Le Chesnaye aux branches qui nous occupent).

MANCIER (de) (?) — De *Mansier* (a fait défaut, ne s'étant ni présenté, ni fait représenter).

Armes : *d'azur à trois mains d'argent.*

MAUR (de SAINT-). — Gabriel-Joseph, comte de Saint-Maur. — François-Antoine de Saint-Maur de Vervy.

Armes : *d'argent à deux cygnes de gueules l'un sur l'autre.*

MAUSSAC (de). — De *Mossac* (a fait défaut, ne s'étant ni présenté, ni fait représenter).

Armes : *d'or à un chevron de gueules accompagné de trois étoiles d'argent.*

MAUVISE (de). — René de *Moris*, chevalier, seigneur du Peux et Labarde. — François de *Moris*, chevalier, seigneur de Villard et Villedard.

Armes : *d'argent à la croix ancrée de sable, accompagnée en chef de deux croissants de gueules.*

MÉRIGOT DE SAINTE-FÈRE. — Alexandre-Philippe-François Mérigot, chevalier, marquis de *Sainte-Feyre*, seigneur dudit lieu, de Chameyrat, l'Age-Rideau, Chantemerle et autres places, sénéchal, grand bailli d'épée de la province.

Armes : *d'azur au chevron d'or chargé de trois coquilles de gueules, accompagné de trois molettes d'éperons d'argent, posées 2 et 1.*

MIRANBELLE (de). — Le marquis de Miranbelle (a fait défaut, ne s'étant ni présenté, ni fait représenter).

Armes : *d'azur à trois miroirs d'argent en ovale.*

MONNEYS. — Monneys, chevalier, seigneur de Laleu, et Monneys, chevalier, seigneur d'Ordières (ont fait défaut, ne s'étant ni présentés, ni fait représenter).

Armes : *écartelé aux 1 et 4 d'or au lion de gueules, aux 2 et 3 d'azur à deux chevrons d'or.*

MONTAGNAC (de). — Edme-Henri, chevalier de Montagnac. — Gabriel-Nicolas-Sylvain, marquis de Montagnac, chevalier, seigneur d'Étansannes, Chénérailles et Laveau-du-Mesne.

Armes : *de sable au sautoir d'argent, cantonné de quatre molettes d'éperons de même.*

MONTBEL (de). — Joseph, comte de *Montbel,* chevalier, seigneur de la Tache, Nollet, Bourg-Archambault, chevalier de Saint-Lazare, ancien capitaine de cavalerie.

Armes....

MONTEIL DE MONTFAYON (de). — Barthélemy-Antoine-Daniel de Montfayon. — Léonard-Daniel de Monteil de Monfayon, son père.

Armes....

MONTIERS DE MÉRINVILLE (des). — François-Martial d'*Émontiers,* vicomte de Mérinville et de Brigueil, baron de Montralet et Montracher, seigneur de Rochelidon, Châteaubrun, le Fresse, etc., lieutenant général des armées du roi, chevalier de l'Aigle-Blanc de Pologne.

Armes : *fascé d'argent et de gueules de six pièces.*

MONTMORENCY-LAVAL (de). — Guy-André-Pierre, duc de Laval, chef des noms et armes de sa maison, maréchal de France, gouverneur d'Aunis, grand'croix de Saint-Louis, commandeur de Saint-Lazare.

Armes : *d'or à la croix de gueules chargée de cinq coquilles d'argent, cantonnée de seize alérions d'azur.*

MONTMORT (de). — Le marquis de Montmort (a fait défaut, ne s'étant ni présenté, ni fait représenter).

Armes : *de sable à trois croix d'argent, posées 2 et 1.*

**MOREL DE FROMENTAL.** — Martial-César Morel de Fromental, chevalier, seigneur, comte de la Clavière, seigneur d'Eguzon.

Armes : *d'azur à un chevron d'or accompagné de trois étoiles à six raies d'argent, celle de la pointe soutenue d'un croissant de même.*

**MORIN D'ORFEUILLE.** — Yves Morin, comte d'Orfeuille. — Le chevalier d'*Orfeuilles* (a fait défaut, ne s'étant ni présenté, ni fait représenter.

Armes : *d'azur à trois étoiles d'or à la fleur de lis de même, mise en abîme.*

**MOSNARD (du).** — Jacques et Jean *Dumonard*, écuyers, seigneurs du fief de Niguaud, paroisse de Brillac.

Armes : *d'argent à une fasce de gueules accompagnée de trois aigles d'azur, les ailes étendues, posés 2 en chef et 1 en pointe.*

# N

**NADAILLAC (DU POUGET de).** — Madame la comtesse de Nadaillac (a fait défaut, ne s'étant ni présentée, ni fait représenter).

Armes : *d'or au chevron d'azur, accompagné en pointe d'un mont de six copeaux de sinople.*

**NESMOND (de).** — Etienne-Charles de Nesmond, chevalier, seigneur de Banassat, la Chassagne, etc.

Armes : *d'or à trois cors de chasse de sable, liés de gueules, l'embouchure à senestre.*

NIEUL (POUTE de). — Messire de Nieul, seigneur de Dompierre.

Armes : *d'argent à trois pals de sable, au chevron de même, brochant sur le tout.*

NOLLET (de). — Paul de Nollet, chevalier, seigneur de Beaupin, paroisse de Saint-Quentin, comte de Laypaud, conseiller du roi, sénéchal d'épée de la province, capitaine de cavalerie, chevalier de Saint-Louis. — Paul, vicomte de Nollet, chevalier, seigneur du Mas-du-Bost, ancien officier au régiment de Royal-Cravatte-cavalerie.

Armes : *de.... à trois fleurs de lis de...., posées 2 et 1.*

# O

ORADOUR (d'). — *Doradour,* seigneur de Champelière (a fait défaut, ne s'étant ni présenté, ni fait représenter).

Armes : *d'azur à la fasce accompagnée de six fleurs de lis d'argent, trois en chef et trois en pointe.*

OYRON (d'). — Germain *Doyron,* chevalier, seigneur de Chérignat et autres lieux.

Armes : *d'argent à trois roses de gueules, tigées et feuillées de sinople.*

# P

PAIR DE LIBOUREIX (de). — Antoine de Pair, chevalier de Liboureix, seigneur en partie dudit lieu et de la Treille.

Armes : *d'azur à trois pals vairés d'argent et de gueules.*

PARADIS (de). — Dame Sylvine de Paradis, veuve de Pierre de Paradis, chevalier, à cause de son fief de Pouillac.

Armes : *d'argent à trois oiseaux de paradis de sable.*

PETIAUD DE MANADEAU. — Antoine Petiaud, chevalier, seigneur de Manadeau et de la Rivallerie, chevalier de Saint-Louis, capitaine de cavalerie.

Armes : *d'azur au chevron d'or, accompagné de trois merlettes d'argent, deux en chef et une en pointe ; au chef cousu de gueules chargé de trois étoiles d'or.*

PEYROUX (du). — François *Dupeyroux* de Saint-Martial. — Jean-Louis *Dupeyroux* de Saint-Martial. — Pierre-Gilbert, marquis *Dupeyroux*, seigneur de Villemonteix.

Armes : *d'or à trois chevrons d'azur, au pal de même brochant sur le tout.*

PICHARD (de). — Germain de Pichard, chevalier, seigneur de Villemonteix. — Dame Françoise Loubens de Verdale, veuve de messire François-Augustin de Pichard de Saint-Julien.

Armes : *d'azur au chevron d'or chargé de deux lions affrontés de sinople, accompagné en chef de deux croisettes d'argent et en pointe d'un aigle d'or.*

PIERRE-BUFFIÈRE (de). — Pierre *Buffière*, chevalier de Saint-Louis, ci-devant capitaine d'infanterie au régiment de Bourgogne.

Armes : *de sable au lion d'or.*

PIN (du). — Jacques-Gilbert *Dupin*, chevalier, seigneur de Saint-Barbent.

Armes : *d'argent à trois bourdons de gueules posés en pal.*

PIVARDIÈRE (de la). — Claude-Amable de la Pivardière, chevalier. — Louis de la Pivardière. — Annet-Marin de la Pivardière, chevalier de la Pivardière.

Armes : *d'argent à trois merlettes de sable, posées 2 et 1.*

POLGUE (de SAINT-). — Le comte de Saint-Polgue (a fait défaut, ne s'étant ni présenté, ni fait représenter).

Armes...

PORTE (de la). — Jérôme-Augustin de la Porte, chevalier, seigneur des Vaux, l'Age-Bougrain, Fontvallais et autres lieux, ancien officier de grenadiers au régiment de Paris. — François de la Porte, chevalier, seigneur de la Chapelle-Viviers, le Theil-aux-Servants, etc.

Armes : *d'or au chevron de gueules.*

POUTE (de). — De *Ponthe* (a fait défaut, ne s'étant ni présenté, ni fait représenter). — Messire de Nieul, seigneur de Dompierre (a fait défaut, ne s'étant ni présenté, ni fait représenter).

Armes : *d'argent à trois pals de sable, au chevron de même brochant.*

PRÉVOST DE LA VAUZELLE. — Prévost de la Vauzelle (a fait défaut, ne s'étant ni présenté, ni fait représenter).

Armes : *d'argent à deux fasces de sable, accompagnées de six merlettes de même, posées 3, 2 et 1.*

PUYGUYON (de). — La dame Marie-Anne Boitaud, veuve de Pierre de Puyguyon, chevalier, seigneur de la

Gannerie, ancien capitaine au régiment de Flandre, chevalier de Saint-Louis.

Armes : *d'or à une tête de cheval effarouchée de sable.*

# R

**REBIÈRE DE NAILLAC.** — Gabriel-Pierre *Rebière de Naillat.*

Armes : *d'azur à une rivière ondoyante d'argent, posée en barre.*

**RIBEREIX (de).** — Pierre-Thibaud de Ribereix, seigneur de Nousserolles et le Barteix. — Henri-Armand de Ribereix, seigneur de Monneyroux, Clugnat et Jalèches.

Armes : *d'azur à trois lions d'or couronnés de même, armés et lampassés de gueules, 2 grimpants et 1 passant.*

**RIEUX (du).** — Joseph-Sylvain-Clément *Durieux.*

Armes : *d'azur au sautoir d'or, accompagné en pointe d'un croissant d'argent.*

**RISSEUIL (de).** — Pierre de Risseuil, chevalier, seigneur de Monette (probablement le même que TISSEUIL).

Armes...

**ROCHE-AYMON (de la).** — Antoine-Charles-Guillaume, marquis de la Roche-Aymon, maréchal de camp, menin de monseigneur le Dauphin, à présent roi.

Armes : *de sable semé d'étoiles d'or, au lion de même, armé et lampassé de gueules, brochant sur le tout.*

**ROCHEBRIANT (de la).** — Yves-Amable, comte de la Rochebriant.

Armes : *écartelé d'or et d'azur.*

**ROCHECHOUARD DE MORTEMART** (de). — Victur-nien-Jean-Baptiste-Marie de Rochechouard, duc de Mortemart, pair de France, prince de Tonnay-Charente, baron de Baye-sur-Seine, seigneur d'Éverli, Availles, Serres, Ozat, Lussac-les-Châteaux, etc.

Armes : *fascé, ondé d'argent et de gueules de six pièces.*

**ROCHEDRAGON** (de la). — Jean-François, marquis de Rochedragon, seigneur de la Vaurelle.

Armes : *d'azur au lion d'or, armé et lampassé de gueules.*

**ROFFIGNAC** (de). — Louis-Charles-Alexandre de Roffignac, chevalier, seigneur de la Salle. — Gédéon-Joseph, marquis de Roffignac, chevalier, seigneur de Sannat, Balledan, Quinsac et autres lieux, capitaine au régiment de la Reine-cavalerie.

Armes : *d'or au lion de gueules.*

**ROLLIN.** — Jean-Baptiste-Antoine Rollin de la Ribière. — Antoine Rollin de Courlatier, seigneur de Noyers.

Armes...

**ROYER** (de). — N. de Royer, seigneur du Fouilloux et autres lieux.

Armes...

**RYE** (de la). — Jacques de *Lary*, chevalier, seigneur de la Berge, Peytavaux, Lacoux et autres lieux, ancien chevau-léger de la garde du roi. — Marie-Louis-Robert de *Lary* de la Côte, chevalier, seigneur de Ligardèche, garde lu corps du roi, capitaine de cavalerie,

Armes...,

# S

**SAIGNE-SAINT-GEORGES** (de la). — Jean-Louis, comte de la *Sagne*-Saint-Georges, seigneur du Mareau. — Gilbert-Annet *de la Salle,* chevalier, marquis et seigneur de Saint-Georges.

Armes : *écartelé aux 1 et 4 de sable, au lion d'argent grimpant, armé et lampassé de gueules* (qui est de la Saigne) ; *aux 2 et 3 d'argent, à la croix de gueules* (qui est de Saint-Georges).

**SALLE** (de la). — Dame Marie Robinaud, veuve du feu sieur de la Salle, écuyer, conseiller, secrétaire du roi, propriétaire du fief de Thoverat.

Armes...

**SARRAZIN** (de). — Alexandre-Philippe-Joseph-François, marquis de Sarrazin, lieutenant-colonel.

Armes : *d'argent à la bande de gueules chargée de trois coquilles d'or.*

**SAVATTE** (de). — De Savatte (a fait défaut, ne s'étant ni présenté, ni fait représenter).

Armes : *d'azur à une savatte d'or, posée en fasce.*

**SAVIN** (de SAINT-). — Gaspard de Saint-Savin, chevalier, seigneur de Commerçat.

Armes : *d'azur à une fasce ondée d'argent, accompagnée de cinq fleurs de lis de même, 3 en chef et 2 en pointe.*

**SCLAFERT.** — Daniel-Joseph Sclafert, chevalier, baron de Chenac.

Armes...

SCOURION (de). — Dame Marie d'Argier, veuve de Pierre *Secourion*, dame d'Aigurande.

Armes : *d'azur à trois gerbes d'or, posées 2 et 1.*

SEIGLIÈRE (de). — Louis-Armand-François de Seiglière du Breuil.—Étienne de Seiglière, baron du Breuil.

Armes : *d'azur à trois épis de seigle d'or, posés 2 et 1.*

SONNET (de). — Nicolas-Maurice de *Sornet*, chevalier, seigneur de Puret et autres lieux, ancien capitaine de cavalerie, chevalier de Saint-Louis.

Armes : *d'azur à trois grelots d'or, posés 2 et 1.*

# T

TANNE (de). — Madame de Tanne (a fait défaut, ne s'étant ni présentée, ni fait représenter).—(Le nom m'est inconnu : je suis porté à croire qu'il s'agit de la famille de HANNE, d'ancienne noblesse du Poitou.)

Armes...

TARDIEU DE MALEYSSIE. — Charles Tardieu, chevalier, marquis de *Mulezy*, maréchal des camps et armées du roi, chevalier de Saint-Louis, seigneur de l'Isle-Jourdain, le Vigeant, Fontaine-les-Riboux, etc.

Armes : *d'azur à deux pointes renversées d'or.*

TAVEAU (de). — Gaspard-François *Thaveaud*, chevalier, seigneur de l'Age-Courbe, Reaucourt, etc.

Armes : *d'or au chef de gueules, chargé de deux pals de vair.*

TESSIÈRES (de).—Dame Marie-Geneviève Cousseaud, épouse de messire François de Tessières, chevalier, seigneur de Bois-Bertrand, l'Age, Cantaud et autres lieux, capitaine d'infanterie au régiment de Bourgogne.

Armes : *losangé d'argent et de gueules.*

TISSEUIL (de). — Mathieu de Tisseuil, chevalier, seigneur d'Euraud, lieutenant d'artillerie, pensionné du roi. — François de Tisseuil, chevalier, baron d'Usseries et Châtelanet.

Armes : *d'argent à trois hures de sanglier de sable.*

TOURNYOL. — Louis-Charles Tournyol, ancien officier au régiment d'Armagnac. — François Tournyol de Dupeyrat, ancien mousquetaire. — François Tournyol du Rateau.

Armes : *d'azur à une tour d'argent maçonnée de sable, accompagnée en chef d'une étoile du second.*

TOUZAT DE SAINT-ÉTIENNE. — Antoine-Étienne Touzat de Saint-Étienne, seigneur de Trasforêt.

Armes...

TURPIN (de). — Le marquis de Turpin (a fait défaut, ne s'étant ni présenté, ni fait représenter).

Armes : *écartelé d'argent et d'azur.*

# U

USSEL (d'). — Léonard, marquis d'Ussel.

Armes : *d'azur à la porte d'or, la serrure et les bris d'huis de sable, accompagnée de trois étoiles d'or.*

# V

**VAILLANT DE GUÉLIS** (le). — Étienne Le Vaillant de *Guéli,* chevalier, seigneur de la baronnie de Puybelin.

Armes : *d'azur à l'ancre d'argent, la trabe de sable, surmontée de deux molettes d'or.*

**VERIME** (de) ? — Jean-François, vicomte de Verime, chevalier, seigneur de Lascoux et la Faverie, ancien chevau-léger de la garde du roi. — Joseph de Verime, chevalier, seigneur de Saint-Martin de Meaux.

Armes...

**VIC** (de). — Mademoiselle de Vic (a fait défaut, ne s'étant ni présentée, ni fait représenter).

Armes : *d'or au lion de sable, au chef d'azur chargé d'une étoile d'argent.*

**VILLEDON** (de). — Charles de Villedon, chevalier, seigneur de Gournai, la Chevallière, Vauzette, Lavaux, Lesplats, la Mondie, etc., chevalier de Saint-Louis, capitaine de cavalerie. — Guy-André de *Vildon,* chevalier, seigneur de Ribagnac.

Armes : *d'argent à trois fasces ondées de gueules.* — Alias : *de gueules à trois fasces ondées d'argent.*

FIN.

POITIERS. — IMPRIMERIE GÉNÉRALE DE L'OUEST : E. WIBQUIN.

# ÉTAT PRÉSENT

DE LA

# NOBLESSE DE LA MARCHE

—

Cet ouvrage, conçu sur le plan du remarquable travail consacré par M. de la Morinerie aux gentilshommes de l'Aunis et de l'Angoumois, sera divisé en trois parties.

Dans la première et suivant l'ordre alphabétique des noms de famille, on trouvera la descendance, *depuis* 1789, de tous les seigneurs de la Marche dont les noms figurent sur les maintenues et les convocations de la noblesse de la province et qui l'habitent encore.

Dans la seconde, on trouvera également la filiation, jusqu'à nos jours, de tous les nobles, habitant actuellement la Marche, dont les ancêtres ont figuré, en 1789, sur les Catalogues des gentilshommes d'une autre province.

Enfin, la troisième sera consacrée aux familles Marchoises anoblies *depuis* 1789, et contiendra leur généalogie à partir de l'époque d'anoblissement.

—

**Aucune famille ne figurera dans cet état, si les preuves de noblesse ne sont irrécusables et authentiques.**

—

L'ouvrage formera un fort volume in-4°. — Prix de la Souscription : 20 fr.

www.ingramcontent.com/pod-product-compliance
Lightning Source LLC
Chambersburg PA
CBHW060741280326
41934CB00010B/2305